LTC 중급과정

LEADERSHIP TRAINING CLASS

차 례

제자 육성

강의 1

성령 안에서 승리하며 살아가기

개관 목적

성령 충만한 삶을 지속적으로 살아가는 방법을 배우고 적용한다.

학습 목표

1. 성령 충만을 확신할 수 있게 된다.
2. 영적 싸움에 대비하는 방법을 알게 된다.
3. 하나님의 자녀로서의 권리를 알게 된다.
4. 믿음으로 살아가게 된다.

서론

예수님께서는 우리가 성령의 능력 안에서 풍성하고 열매 맺는 삶을 살아갈 수 있다고 약속하셨다.

1 그리스도인이 풍성한 삶을 사는 비결은 성령 안에서 살아가는 것이다. 그것은 예수님께서 부활의 능력으로 우리를 통해 사시는 것을 뜻한다(갈 2:20).

2 우리는 매순간 영혼의 호흡을 통하여 성령 안에서 살아갈 수 있다.

1. 영혼의 호흡을 통해 성령 충만을 확신하라.

1 예수님을 영접할 때 성령이 우리 안에 들어오심으로 하나님의 자녀가 된다. 당신이 그리스도인이라면 성령께서는 이미 당신 안에 거하신다(고전 3:16).

2 성령 충만이란 성령의 지배를 받으며 그분의 능력을 힘입는 것이다(엡 5:18).

3 당신이 세상적인 그리스도인으로 마음의 왕좌를 차지하는 죄를 지었다면 '영혼의 호흡'을 통하여 죄를 고백하고 성령 충만을 받을 수 있다.

(1) 내쉼 : 죄를 고백하는 것(요일 1:9)

① 동의 - 우리의 죄가 잘못된 것이며 하나님을 슬프시게 한다는 사실에 동의하는 것이다.

② 감사 - 우리의 죄를 위하여 예수 그리스도가 십자가에서 피 흘려 죽으심으로 우리의 모든 죄 곧 과거와 현재와 미래의 모든 죄를 용서해 주셨음을 인정하고 감사한다.

③ 회개 - 죄에 대한 우리의 태도를 바꾸는 것이며 성령의 능력을 힘입어 우리의 행동을 바꾸는 것이다.

(2) 들이쉼 : 믿음으로 성령 충만을 받는 것

① 명령 - 하나님은 우리에게 성령 충만 받으라고 명령하셨다.
"술 취하지 말라 이는 방탕한 것이니 오직 성령으로 충만함을 받으라" (엡 5:18)

② 약속 - 하나님은 우리가 하나님의 뜻대로 기도하면 응답하신다고 약속하셨다.
"그를 향하여 우리가 가진 바 담대함이 이것이니 그의 뜻대로 무엇을 구하면 들으심이라 우리가 무엇이든지 구하는 바를 들으시는 줄을 안즉 우리가 그에게 구한 그것을 얻은 줄을 또한 아느니라" (요일 5:14~15)

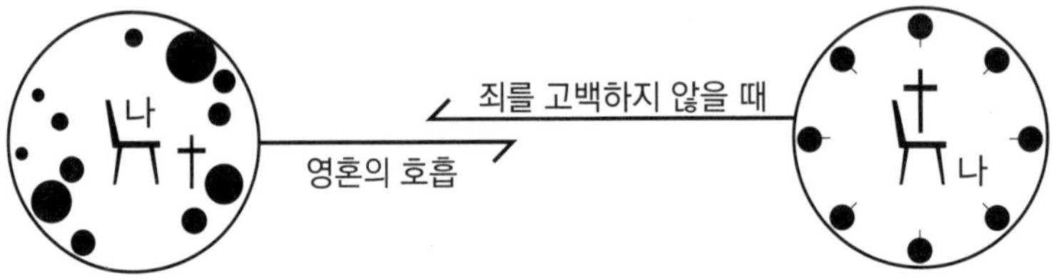

4 성령의 사람이 믿음으로 살아가지 않으면 세상적인 그리스도인이 된다(롬 14:23하).

5 우리 생활 속에서 죄를 쌓아두지 말고 깨달은 즉시 고백해야 한다(요일 2:1~2).

6 특별한 감정을 의존하거나 추구하지 말아야 한다.

2. 영적 싸움에 대비하라.

1 세상 (요일 2:15~17)

(1) 성경은 이 세상을 사랑하지 말라고 경고하고 있다.

(2) 예수님은 세상을 이기셨다(요 16:33).

2 육체(자아) (갈 5:17)

(1) 죄와 유혹은 차이가 있다.

(2) 성령의 인도에 따라 살아갈 때 이런 갈등은 해결된다(갈 5:16).

3 마귀(벧전 5:8)

(1) 그리스도인들을 믿음에서 떠나게 하려는 악한 영들이 있다(요일 3:8~9).
참고: 마귀는 사탄(고소자)이라고도 불리며 악한 영적 세력(귀신)들의 우두머리이다.

(2) 하나님은 마귀가 우리를 공격할 때에 두려워할 필요가 없다고 말씀하신다.
"너희 안에 계신 이가 세상에 있는 이보다 크심이라" (요일 4:4하)

토의 당신은 어떤 영적 싸움을 하고 있는가? 그 싸움에서 어떻게 승리할 수 있겠는가?

3. 하나님의 자녀로서의 권리를 사용하라.

1 하나님은 우리가 하나님의 자녀로 살아가는 데 필요한 모든 것을 주셨다.

2 하나님과 함께 충분한 시간을 보낼 때에 우리는 그분이 주시는 풍성한 자원을 알 수 있다.

3 성령을 통하여 그리스도를 의지할 때 하나님이 주신 무한한 자원을 사용할 수 있다.

4 우리가 예수 그리스도를 알아가고 그분이 주시는 풍성한 자원을 사용할 때 성령께서는 그리스도인의 삶에 필요한 열매를 맺게 하신다(요 15:8).

5 주님의 지상명령 성취를 도우려는 모든 그리스도인들은 부활하신 예수 그리스도의 능력을 활용할 수 있다.

6 예수 그리스도 안에 있는 풍성한 자원을 알면 알수록 하나님의 뜻을 따르게 될 것이다.

4. 믿음으로 살라.

1 그리스도인은 감정에 의존하지 않고 믿음으로 산다(갈 3:11).

2 그리스도인은 어려운 상황에도 믿음으로 감사할 수 있다.

3 그리스도인은 믿음으로 모든 염려를 하나님께 맡길 수 있다(벧전 5:7).

토의 하나님의 말씀보다 나의 감정이나 경험에 의존하는 영역은 무엇인가? 그 영역에서 어떻게 믿음으로 살 수 있는가?

강의 2

GrowDIP하자!

-CCC 리더십 훈련 패러다임-

개관 목적

CCC 학생 리더십 훈련의 목표를 알고
그 목표 성취를 위한 커리큘럼과 교재들을 이해한다.

학습 목표

1. CCC 학생 리더십 훈련의 목표를 알게 된다.
2. 리더십 훈련의 목표 성취를 위한 커리큘럼을 이해하게 된다.
3. 커리큘럼의 교재와 강의 및 훈련 자료들을 개관하게 된다.

1. CCC 리더십 훈련의 목표

CCC 리더십 훈련의 목표는 "세상을 변화시킬 수 있는 성숙한 인격(Character)과 탁월한 실력(Competence)을 갖춘 성령 충만한 리더들을 육성함으로써 캠퍼스와 전 세계 모든 곳에서 영적 운동을 일으켜 주님의 지상명령을 성취하도록 돕는 것"이다.

2. CCC 리더십 훈련 패러다임의 3가지 영역과 목표

1. CCC 리더십 훈련 패러다임은 주님의 지상명령 성취를 돕는 데 헌신하는 성숙한 인격과 탁월한 실력을 갖춘 리더들을 육성하고 파송하기 위해 세 가지 영역 즉, 영적 성장, 제자화, 세상을 향한 영향력에 초점을 맞추고 있다.

2. GrowDIP(Growth in God, Discipleship & Evangelism, Influence in the world Paradigm)은 이 패러다임의 3가지 영역의 머리글자를 따서 명명한 것이다.

3. 이 세 영역은 유기적으로 연결되어 있으며, 각 영역의 목표는 CCC가 어떤 리더를 훈련하고 육성하려는지 알게 해준다.

4. G영역은 개인의 영적 성숙을, D영역은 제자화 사역을 위한 교육과 훈련 기술들을, I영역은 섬김을 통한 세상 속에서의 영향력을 목표로 하여 영성과 성품과 지성과 전문성을 갖춘 성숙한 리더를 육성하는 것이 GrowDIP의 목적이다.

성숙한 인격과 탁월한 실력을 갖춘 리더

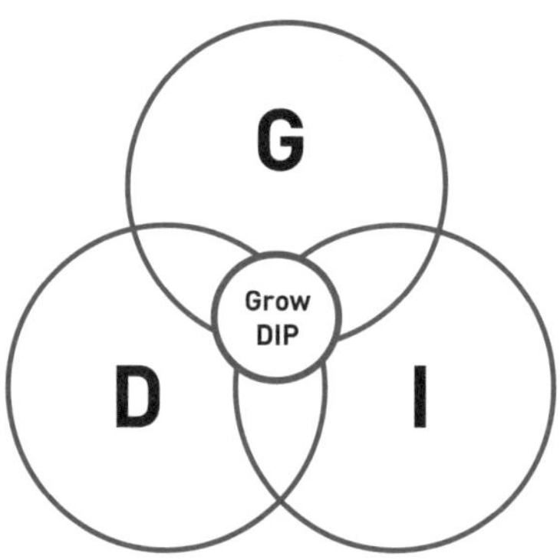

3가지 영역	영역의 목표
G 하나님 안에서의 성장 (Growth in God)	1. 하나님께 대한 신뢰와 순종 2. 하나님과 친밀한 동행 3. 영적 성장과 인격적 성숙
D 제자화 사역 (Discipleship & Evangelism)	1. 전도의 생활화 2. 평생 순장의 삶을 통한 지속적인 제자화 3. 지상명령 성취 비전의 발견과 헌신
I 세상에서의 영향력 (Influence in the world)	1. 자신과 타인에 대한 올바른 이해 2. 공동체 의식 함양을 통한 원만한 대인관계 3. 자신의 은사와 전문성을 통한 영향력 있는 섬김의 삶

3. CCC 리더십 훈련 패러다임

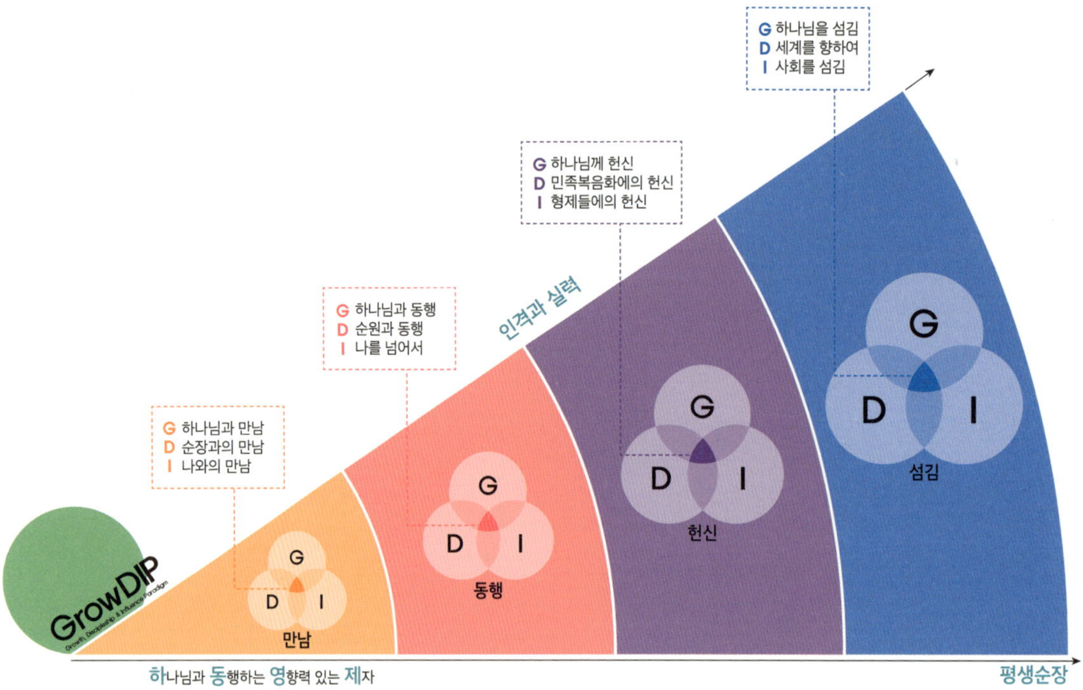

1 GrowDIP은 학생들의 성장 과정에 따라 G, D, I 세 영역이 4단계를 거쳐 균형 있고 점진적으로 성장하도록 구성되어 있다.

2 각 단계의 성장 목표와 과정에 따라 각 단계의 주제를 1단계 만남, 2단계 동행, 3단계 헌신, 4단계 섬김으로 명명했다.

3 각 단계마다 G, D, I 세 영역의 핵심적인 행동을 알 수 있다.

4 GrowDIP의 이러한 과정을 통해 성숙한 인격과 탁월한 실력을 갖춘 성령 충만한 리더를 양육함으로 "**하**나님과 **동**행하는 **영**향력 있는 **제**자" 로 세워가고자 한다.

4. GrowDIP의 단계별 성장 목표와 커리큘럼

과정		만남	동행	헌신	섬김
주제 / 커리큘럼 및 교재	필수	LTC 초급, Follow-up(TC), 새순모임교재(만남), 순론노트	LTC 중급 새순모임교재(동행)	LTC 고급 새순모임교재(헌신)	Cru2 새순모임교재(섬김)
커리큘럼 및 교재	선택	G TBS, 백문일답 예수, 풍통큐, 기도학교 훈련, PBS, 신구약 개관, IBS(요한복음, 창세기, 로마서, 사도행전), 막달레나 DVD D CCC 역사와 철학, 선교교육, 캠퍼스이단, 영적 운동(m2M, Campus 복음화 전략, Seven Domains), 아가페 시리즈 I 개인SPP, 자아상, 대인관계, 이성교제, 즐기면서 A학점!, 기독교 세계관, 그리스도인의 직업과 윤리, 공동체 세우기, 섬기는 리더십			
목표		G 구원의 확신 성령 충만한 삶의 이해 D 전도 훈련 및 실천 기초 순모임 참여 I 성경적 자아상과 삶의 비전 확립 균형 있는 자기 관리	G 믿음의 영역 확장 '경건의 시간'의 생활화 D 순모임을 인도하기 시작 제자화 사역의 중요성 인식 I 이웃과 사랑의 관계를 맺어감 은사와 재능 발견	G 성경말씀에 대한 깊은 이해 지속적인 성령의 열매를 맺음 D 영적 운동의 개념과 전략을 이해 승법 번식을 경험 I 성경적 세계관 확립 팀을 이끄는 리더십 성장 다문화 이해와 수용	G 실천하는 믿음 말씀을 가르치고 기도 운동을 일으킴 D 졸업 후 가정, 교회, 직장에서 영적 운동가가 되기 위한 준비 I 성경적 결혼과 가정의 이해와 준비 사회 연착륙을 위한 준비

1 각 단계별 성장 목표는 하나님과의 관계 속에서 개인의 영성(G), 제자로서의 삶과 사역(D), 세상 속에서 영향력(I)이 균형 있게 성장하도록 구성되어 있다.

2 GrowDIP의 커리큘럼 및 교재는 필수 커리큘럼과 선택 커리큘럼으로 구성되어 있다.

3 필수 커리큘럼은 반드시 익히고 훈련해야 할 영역과 내용들이므로 모두 시행해야 한다. 선택 커리큘럼은 필요에 따라 추가로 사용할 수 있다.

4 실제적이고 균형 있는 성장을 위해서 각 단계마다 다양한 활동들이 포함되어야 한다. 예를 들어 개인전도, 사회봉사, 정기채플/리트릿, 순모임 참여와 인도, 순장 훈련, 수련회, 성경 암송과 성경 읽기, 단기선교/A6/Stint 참여 등이 있다. 각 지역과 상황에 따라 이러한 활동들에 다양하게 참여할 수 있다.

5 GrowDIP은 캠퍼스에서 완성되는 것이 아니라 졸업 이후에도 평생 동안 이루어 가는 과정이다(평생순장).

5. GrowDIP의 영역별 성장 점검

❶ GrowDIP의 세 영역이 균형 있게 개발되어 전인격적인 리더로 성장하고 있는지 DRF (Development Review Form)를 통해 점검하며 코칭해야 한다.

❷ CCC의 기본 원칙은 "움직이는 사람들과 함께 움직이라" (Move with the Movers)는 것이다.

❸ 그러나 세 영역 중 어떤 영역들에서 성장이 느리거나 균형을 잃은 경우, 추가적인 보충 교육이나 훈련을 받을 수 있다. 이런 경우 선택 커리큘럼을 활용해 그들을 "움직이는 사람들 그룹" 에 속하도록 도와야 한다.

6. 토의 : 자기 평가

DRF
(Development Review Form)

* 자신의 성장 정도를 1-5로 평가해보시오.

GrowDIP	영역별 목표	1	2	3	4	5
하나님 안에서의 성장(G)	말씀과 기도 생활					
	신뢰와 순종					
	성령의 인도하심과 능력					
제자화 사역 (D)	전도의 생활화					
	지속적인 제자화					
	지상명령 성취 비전의 발견과 헌신					
세상에서의 영향력 (I)	자신의 은사와 적성을 발견함					
	원만한 대인관계					
	영향력 있는 삶(학과, 가정, 교회 등)					

* 한 학기 동안 성장이 가장 필요한 영역은 무엇인가?

* 그 영역을 개발하기 위해서 한 학기 동안에 해야 할 것은 무엇인가?(훈련 참여, 독서, 실천)

강의 3

목표있는 제자육성

개관 목적

제자 육성의 목표를 알고,
그 목표를 이루기 위한 전략을 이해하고 실행하도록 동기부여 한다.

학습 목표

1. 제자 육성의 목표를 말할 수 있다.
2. 지상명령 성취를 위한 전략을 설명할 수 있다.
3. 가법번식 사역을 정의할 수 있다.
4. 승법번식 사역을 정의할 수 있다.

서론 : 사례 연구

어느 한 도시에서 도시 환경에 관심이 있는 몇 명의 사람들이 모임을 만들었다. 그들은 매주 만나서 도시의 환경개선 문제를 토론하는 중에, 시민들이 자연 속에서 쉴 수 있도록 공원을 조성하는 것이 가장 시급한 일이라는 데 의견 일치를 보았다. 그들은 공원 조성을 위한 캠페인을 시작하면서 기대감에 부풀어 있었고 실행을 위한 계획을 세우며, 조직도 만들어 의욕적인 활동을 벌여갔다.

그러나 몇 주 후 그들은 공원을 만드는 일이 처음 생각처럼 단순하지 않다는 것을 깨달았다. 관공서와의 대화와 시민들의 여론을 수렴하는 일 등 일련의 과정들이 무척 복잡했고 그 외에도 수없이 많은 난관들이 그들 앞에 도사리고 있었다. 시간은 계속 흘러갔고, 결과는 지지부진했다. 들떴던 마음이 가라앉고 모임은 시들해졌다. 지도자들은 모임의 활성화를 위해 흥미 위주의 프로그램들을 도입하기 시작했다. 얼마 안 가서 모임은 주간 친목회로 전락해 버리고 말았다.

이 모임의 사람들에게 무슨 일이 일어났는가?

____

____

1. 제자 육성의 목표

제자 육성의 목표는 하나님의 말씀에 ________하여 모든 세대 안에 주님의 __________를 돕는 일에 적극적으로 참여하는 ____________________을 일으키는 것이다.

1 제자 육성 : ________의 말씀과 당신 자신의 삶에서 사랑과 능력과 믿음과 전도의 ________을 보임으로써 다른 사람을 가르치는 것.

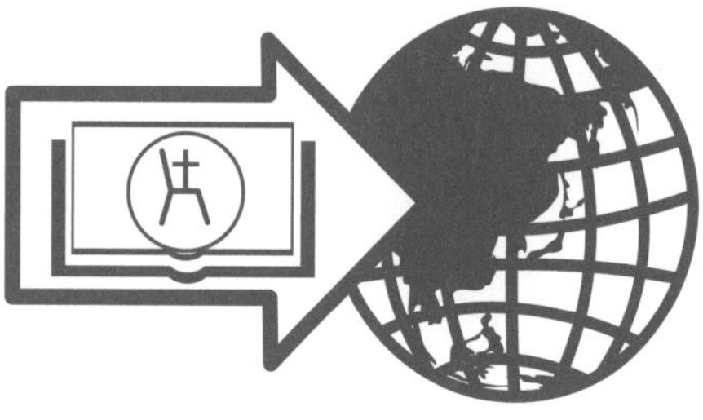

"너는 말씀을 전파하라 때를 얻든지 못 얻든지 항상 힘쓰라 범사에 오래 참음과 가르침으로 경책하며 경계하며 권하라"(딤후 4:2).

"우리가 이같이 너희를 사모하여 하나님의 복음뿐 아니라 우리의 목숨까지도 너희에게 주기를 기뻐함은 너희가 우리의 사랑하는 자 됨이라"(살전 2:8).

2 하나님의 말씀에 순종 : 매일매일 하나님과 다른 사람들 및 자신과의 관계에서 하나님 말씀의 명령과 원칙을 ______________________것.

"나의 계명을 지키는 자라야 나를 사랑하는 자니 나를 사랑하는 자는 내 아버지께 사랑을 받을 것이요 나도 그를 사랑하여 그에게 나를 나타내리라"(요 14:21).

"여호와여 주의 율례들의 도를 내게 가르치소서 내가 끝까지 지키리이다 나로 하여금 깨닫게 하여 주소서 내가 주의 법을 준행하며 전심으로 지키리이다 나로 하여금 주의 계명들의 길로 행하게 하소서 내가 이를 즐거워함이니이다"(시 119:33~35).

3 주님의 지상명령 성취를 돕는 일에 적극적으로 참여함.

(1) 지상명령 성취

① 이 세상의 모든 _____에게 한 사람도 빠짐없이 복음을 전하는 것.

"그러므로 너희는 가서 모든 민족을 제자로 삼아 아버지와 아들과 성령의 이름으로 세례를 베풀고 내가 너희에게 분부한 모든 것을 가르쳐 지키게 하라 볼지어다 내가 세상 끝날까지 너희와 항상 함께 있으리라 하시니라"(마 28:19~20).

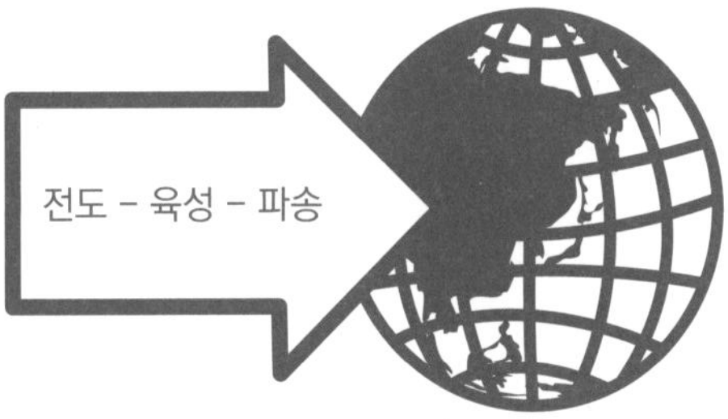

② 각 세대마다 모든 사람에게 복음을 확실히 듣게 하기 위하여 ________족속(나라)에 충분한 수의 그리스도인을 __________________.

"두 해 동안 이같이 하니 아시아에 사는 자는 유대인이나 헬라인이나 다 주의 말씀을 듣더라"(행 19:10).

(2) 도움 : 어느 한 개인이나 한 교회 또는 한 단체가 ________할 수 없기 때문에 모든 사람, 모든 교회, 모든 단체나 기관들이 서로가 힘을 합치는 것.

"이제 지체는 많으나 몸은 하나라 눈이 손더러 내가 너를 쓸 데가 없다 하거나 또한 머리가 발더러 내가 너를 쓸 데가 없다 하지 못하리라" (고전 12:20~21)

(3) 적극적으로 참여함 : 자발적으로 선두에 나서며 자신의 모든 것을 우선적으로 투자함.

"그러므로 내 사랑하는 형제들아 견실하며 흔들리지 말고 항상 주의 일에 더욱 힘쓰는 자들이 되라 이는 너희 수고가 주 안에서 헛되지 않은 줄 앎이라" (고전 15:58).

4 성령 충만 : 성령에 의하여 ________ 되고 ____________ 것.

"그러므로 너희가 그리스도 예수를 주로 받았으니 그 안에서 행하되"(골 2:6).

"술 취하지 말라 이는 방탕한 것이니 오직 성령으로 충만함을 받으라"(엡 5:18).

5 운동 : 공동의 목표를 달성하기 위해 모인 ___________ 폭발적 증가

"또 네가 많은 증인 앞에서 내게 들은 바를 충성된 사람들에게 부탁하라 그들이 또 다른 사람들을 가르칠 수 있으리라"(딤후 2:2).

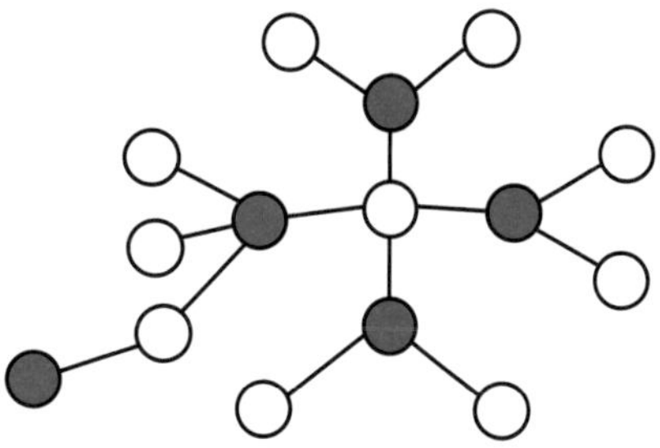

2. 가법번식(Addition)

1 사례 연구 : 사도 바울의 가상적 이야기

사도행전 9장에서 바울은 그리스도인들을 박해하기 위해 살기등등한 모습으로 다메섹으로 가다가 극적으로 예수 그리스도를 만나 구원 받았다. 그 이후 바울이 다음과 같은 삶을 살았다고 가정해 보자.

당시 예루살렘 교회의 그리스도인들은 기독교 박해자였던 바울을 두려워했지만 우여곡절 끝에 그를 교회의 일원으로 받아들였다. 그는 모범적인 신앙생활을 하면서 교회 성도들의 격려와 보살핌 속에 성장했다. 신실한 신앙을 가진 바울은 그의 생업인 천막 만드는 사업체를 충실히 운영하면서, 믿음의 친구들과 30년 동안 예루살렘에서 행복하게 살았다. 빠짐없이 예배에 참석했고 성경 공부에도 성실히 임했다. 말년에 그는 성경을 가르치는 교사로 봉사하면서 예루살렘 교회의 존경 받는 지도자가 되었다. 65세가 되었을 때, 그는 성도들의 기도 중에 눈을 감았고 예루살렘 근교에 묻혔다.

이것이 실제 바울의 삶이었고, 하나님께서 바울을 대신할 다른 누군가를 세우지 않았다고 가정하면서 아래의 두 가지 질문에 답해 보라.

(1) 만일 바울이 실제로 이렇게 살았다면 당시 세상에는 어떤 결과가 나타났겠는가?

(2) 만일 바울이 실제로 그렇게 살았고 하나님께서 그를 대신할 다른 사람을 세우지 않았다면, 주님의 지상명령은 어떻게 되었을까? 성취되었다면 어떻게 성취될 수 있었는지 또는 성취되지 못했다면 왜 성취되지 못했을 것인지 이유를 설명하라.

키포인트

만약 바울이 예루살렘 교회에 정착해 평생 동안 성경 교사로 살았다면 주님의 지상명령은 유대 지역에 머물렀을 것이다. 그러나 바울은 안디옥 교회의 선교사로 파송 받아 아시아와 유럽을 다니며 복음을 전했다. 그로 인해 주님의 지상명령은 전 세계를 향한 첫 걸음을 내디딜 수 있게 되었다.

2 가법번식의 정의 : 가법번식은 그리스도인이 영적으로 ________ 하지 않는 것이다.

사례 1 : 영은이는 전도하기를 좋아합니다. 그녀가 인도한 많은 사람이 그리스도를 믿게 되는 것을 보지만 그들을 육성하고 도와줄 시간을 내지 않습니다.

사례 2 : 병수는 성경말씀을 잘 가르치는 선생으로, 가끔은 그의 믿음을 전하기도 합니다. 그는 토요일 저녁 성경공부를 인도하는데 인기가 있어서 20명으로 늘었습니다. 성경공부에 참여하는 사람들은 병수를 존경하며 그가 가르치는 것을 중단치 않기를 바라고 있습니다.

질문 지상명령을 성취하는 것이 가법번식으로 충분하다고 생각하는가?

3. 승법번식(Multiplication)

1 바울의 예

바울의 실제 사역과 사례 연구에 나오는 바울의 가상 사역은 어떻게 다른가?

____

____

____

____

(1) 그는 바나바로부터 영향을 받았다(행 11:22, 25~26, 29~30).

(2) 그는 많은 사람을 그리스도께 ________________(행 14:1; 17:2~4, 17).

(3) 그는 몇몇 사람을 ______________________(행 15:40; 16:1~3).

(4) 그는 제자로 하여금 다른 사람을 전도하고 제자 삼고 ______하라고 했다(딤후 2:2).

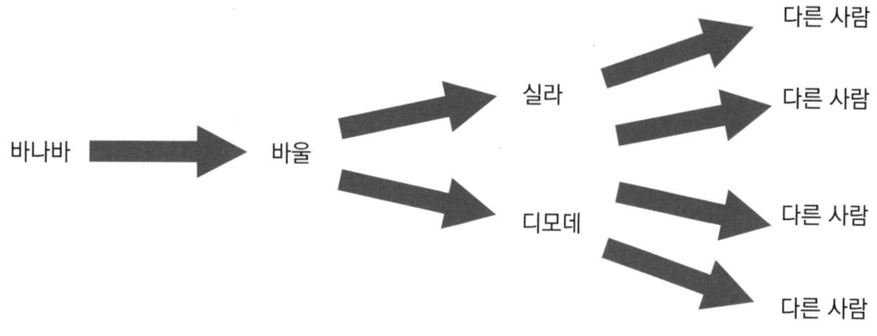

2 승법번식의 정의 : 승법번식은 그리스도인이 다른 사람들을 전도하고 그들 가운데 충성된 사람들을 제자로 삼아 육성한 후 다시 파송함으로써 영적으로 ________하는 것을 말한다.

3 지상명령을 성취하기 위해 승법번식이 얼마나 효과적이라고 생각하는가?

(1) 승법번식 도표

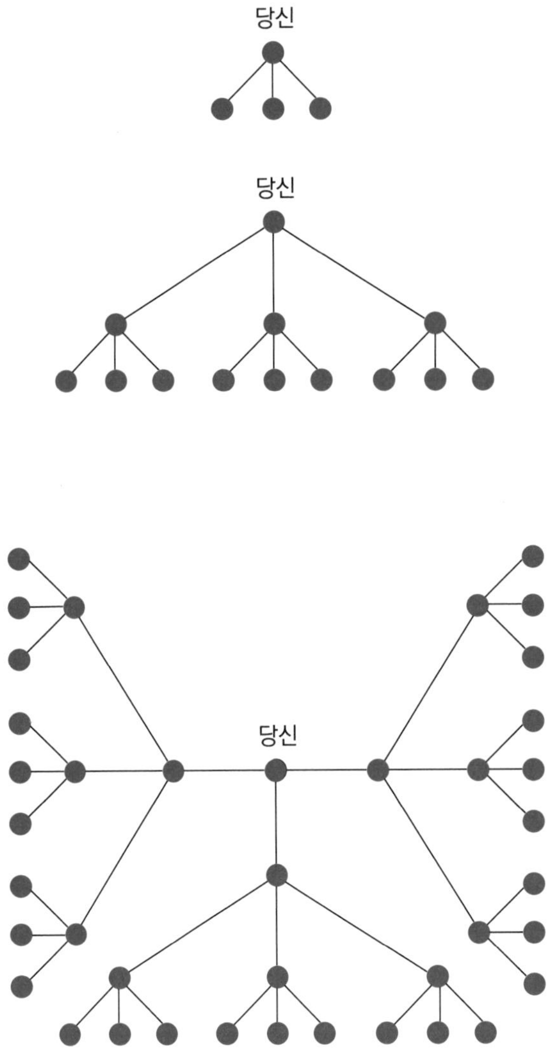

(2) 승법번식을 적용하면 약 72억 인구를 전도하는 데 ________년이면 충분하다.

4. 결론

1 제자 육성의 목표는 하나님 말씀에 순종하여 지상명령 성취를 돕는데 적극적으로 참여하는 성령 충만한 그리스도인들의 ________을 일으키는 것이다.

2 지상명령 성취를 돕기 위해서 우리는 전도와 함께 제자를 육성해야 한다. 지상명령 성취를 도우려는 우리의 목표는 __________을 통해서만 이루어질 수 있다.

강의 4

순과 순모임

개관 목적

순모임을 개관함으로써 순장으로서
순모임을 시작할 수 있도록 동기 부여한다.

학습 목표

1. 순모임의 정의와 유래를 설명할 수 있다.
2. 순모임의 목표를 이해하고 설명할 수 있다.
3. 순모임의 요소들을 말할 수 있다.
4. 좋은 질문들을 사용하여 순모임을 인도할 수 있다.

서론

1 제자를 육성하는 이유는 영적 승법번식을 통해 지상명령 성취를 돕기 위한 것이다. 그렇다면 재생산하는 사람들을 세우는 영적 승법번식의 핵심적인 방법은 무엇일까?
예수님은 대중들을 전도하시면서 12명의 제자를 선택하셨다. 바울은 디모데와 실라를 세웠고, 디모데는 다른 사람을 재생산하는 충성된 사람들을 세워 나갔다. 우리의 모범이 되는 예수님의 사역이나 바울의 사역에서 재생산(영적 승법번식)을 위한 전략적 방법은 바로 소그룹이었다. 이 소그룹을 CCC에서는 '순모임' 이라고 부른다.

2 '순'이라는 말은 구약 성경 이사야 53:2에서 '오실 메시아' 즉, 예수 그리스도를 가리키는 말로 사용되었다. "그는 주 앞에서 자라나기를 연한 순 같고 마른 땅에서 나온 뿌리 같아서 고운 모양도 없고 풍채도 없은즉 우리가 보기에 흠모할 만한 아름다운 것이 없도다."

3 CCC에서 '순' 이라는 말은 한국CCC 창설자인 고(故)김준곤 목사가 1968년, 민족 복음화 운동의 원리와 전략을 담은 「순론(筍論)」을 발표하면서 사용하게 되었다.

1. 순모임의 정의와 성경의 예

1 순모임의 정의

순모임이란 ___________ 이 ___________ (비신자 또는 새신자들)과 함께 시간을 보내면서 하나님의 말씀과 기도와 사랑의 모범을 통해 인격적으로 성숙하고 영적으로 헌신된 예수 그리스도의 제자가 되도록 육성하여 그들이 또 다른 사람들을 전도하고 육성하게 함으로 ________________를 돕는 생생하고 역동적인 모임이다(사 11:1).

2 성경에 나타난 순모임의 예

(1) 순의 원형 : 예수님과 12명의 제자들(막 3:13~15)

(2) 바울과 디모데와 다른 제자들(딤후 2:2)

2. 순모임의 목표

1 하나님 말씀과 성령의 능력, 순장의 모범과 인도를 통해 순원들이 성장하여 ________과 ________ 으로 다른 사람들에게 복음을 전하고, 영적 승법번식을 하여 지상명령 성취를 돕는 충분한 수의 헌신된 ________를 육성하는 것이다.

(1) 성경을 통해 ________을 알아간다(호 6:6).

(2) 하나님의 ________을 알아간다.

(3) 삶을 변화시키는 하나님의 ________을 배워간다(단 11:32).

2 사랑의 공동체 경험 - 순모임을 통해 그리스도인의 표지와도 같은 공동체의 사랑을 회복한다.

(1) 서로 사랑하여 ________가 된다(요 13:34~35).

(2) 서로의 행복과 성장에 ________한다.

(3) 공동체의 ________을 가진다(벧전 4:8).

3 스스로 학습(시 119:18) - 순모임에서 순장의 역할은 순원들이 참여 하도록 돕는 것이다.

(1) 순장은 진리를 발견하도록 ________을 주어 모임을 이끈다.

(2) 순장은 순원들이 생각을 충분히 나눌 수 있도록 ________을 생생하게 인도한다.

(3) 모두가 참여하고 ________ 하게 한다.

4 지속적인 삶의 변화 - 순모임은 지식을 얻기 위한 것이 아니라 하나님의 말씀을 평생 배우고 삶에 적용시키기 위한 것이다.

(1) 순모임의 궁극적인 목표는 배운 것을 ________하는 것이다(마 13:23).

(2) 변화를 서로________한다(히 10:24).

(3) 순장은 성장과 변화의 ________ 이 된다(빌 3:17).- 순모임은 순장과 순원이 함께 전인적으로 성장해가는 경험의 장이다.

5 세상을 변화시킴(요일 5:4)

(1) 전도와 제자화가 ________ 이다(행 1:8).

(2) 세상의 여러 영역을 ________ 으로 변화시킨다.

(3) 사랑의 수고와 섬김으로 주는 자가 된다(행 20:35).

3. 순모임을 하지 못하는 이유

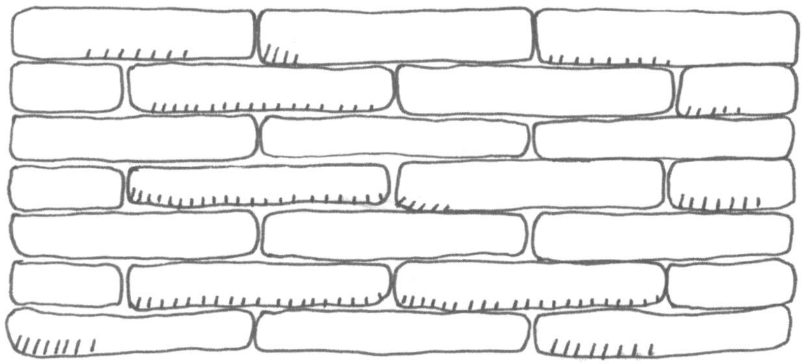

❶ ______부족 : 꼭 이걸 해야만 하나?

❷ __________ 부족 : 어떻게 하지?

❸ ______부족 : 내가 할 수 있을까?(고전 2:3-5, 눅 6:12, 13)

❹ ______부족 : 나는 바빠서... (마 28:18-20)

4. 순모임을 위한 준비

❶ 교재 준비

단계	기초 순모임			제자화 순모임		
과정	만남			동행	헌신	섬김
교재	새생활의 시작	백문일답 예수	예수님과의 만남	예수님과의 동행	예수님께 헌신	예수님을 섬김

❷ 교재의 개요, 가교, 질문들을 미리 살펴보라.

(1) 개요란 잘 정리된 ______ 를 말한다.

(2) 가교는 질문과 질문 사이를 이어주고 단원과 단원 사이를 ______ 해 주는 말들이다.

(3) 질문들 : 순원들로 하여금 상상하게 하고 생각하게 하며 성경 속으로 몰입하도록 돕는다.

3 시간 : 순모임하는 시간은 ____ 시간을 넘지 말아야 하며, 45분 정도가 적당하다.

4 장소 : 찬양과 기도를 하고 대화를 깊이 나누기 위해 ________곳으로 순모임 장소를 선택해 두어야 한다.

5 순원

(1) 순원은 나와 가장 ________관계에서 ________ 를 통해 구하는 것이 가장 자연스럽다.

(2) 순원의 자격 : ________사람이 순모임에 참여할 수 있다.

(3) 순원의 수 : 3~8명 정도가 적당하다.

6 기도 : 순모임의 목표를 이룰 수 있도록, 순원들의 성장과 필요를 채워주시도록 기도한다.

5. 순모임의 시작

1 ______로 시작하라 - 순원을 주시는 분도, 순모임의 주인도 ______이시다. 순모임의 목표를 달성할 수 있도록 기도하라.

2 ________ 시작하라 - 순모임은 신학 지식을 나누는 곳이 아니다.

3 ________ 시작하라 - 순원들이 순모임을 시작하자마자 갑자기 많은 시간을 낼 수는 없을 것이다.

4 ____________ 시작하라 - 주위에 자신이 알고 있는 사람들로부터 순원들을 찾으라.

5 _________ 예수님을 믿는 사람만 참여할 수 있는 것이 아니라 예수님을 알고 싶어하는 사람들과도 순모임을 할 수 있다.

6. 순모임의 진행

1 나눔 : 짧은 시간이라도 _________을 나누는 것이 필요하다.
_________를 채워주는 것은 _________ 를 나가는 것보다 더 중요하다.

2 기도 : 하나님의 도우심 없이 성공적인 순모임은 없다. 기도로 믿음과 순모임에 대한 기대를 단순한 말로 표현하라.

3 순모임 교재를 사용한 성경공부 : 다양한 방법으로 적절한 __________을 하라

순모임의 가장 중요한 부분은 하나님을 알아가는 성경공부이며, 성경공부는 질문을 통해 진행된다. 좋은 질문은 좋은 순모임을 만든다. 답을 다 알고 있는 질문들은 피하라. 지식만을 전달하는 것이 아니라 생각과 느낌도 말하게 하고 또한 상상하게 하여, 순원들로 하여금 적극적으로 참여하도록 이끌라.

(1) 질문의 종류 : 순모임에서 사용하는 질문은 다음과 같은 범주로 나눌 수 있다.

① 개방 정도에 따라 : ______질문 vs ______질문

② 질문의 대상에 따라 : ______질문 vs ______질문

③ 답의 난이도에 따라 : ______ 질문 vs ______질문

(2) 순원이 질문을 하는 경우에는 어떻게 해야 할까 ?

① 잘 들으라 : 질문은 적극적인 참여의 표시이다.

② 개인적 관심은 나중에 다루도록 한다.

③ 재질문, 역질문을 하라 : 질문한 사람은 _____에 가장 가까이 있기도 하다.

(3) 순원의 잘못된 대답을 다루기

① 같은 질문을 다른 사람들에게 물으라.

② 질문을 쉽게 고쳐서 잘못 대답한 순원에게 다시 질문하라

③ 순원에게 정답을 캐내려 하지 말라

4 요약하기

(1) ________ 들으라 : 잘 들어야 잘 요약할 수 있다.

(2) 의견을 요약하라 : ________ 것만 남긴다.

(3) 중요한 요점을 첨가하라.

(4) 가끔 하라 : 너무 자주 하면 흐름이 끊어질 수도 있다.

(5) 참여시키라 : 최고의 공부는 ________ 하는 것이다.

강의 5

바울의 육성 방법

개관 목적

바울의 육성 방법을 배워 그 방법대로 실제 순모임을 해 나가도록 돕는다.

학습 목표

1. 바울의 육성 방법을 설명할 수 있다.
2. '그리스도를 닮아감' 에 대한 도표를 설명할 수 있다.
3. 이 원리들을 실제 순모임에 적용할 수 있다.

서론

1 우리가 복음을 전하는 목적은 무엇인가?
복음을 전하는 우리의 참된 목적은 ______________________________

2 복음을 전하는 참된 목적을 우리가 분명하게 이해하고 있을 때 ________ 을 낳는 전도가 될 것이다. 좋은 육성은 ______________ 로부터 시작된다.

1. 바울의 사역 목적

바울은 복음을 전하는 동시에 전도한 사람들을 ____________________세우려고 했다. 이것이 우리가 복음을 전하는 참된 목적이다.

"우리가 그를 전파하여 각 사람을 권하고 모든 지혜로 각 사람을 가르침은 각 사람을 그리스도 안에서 완전한 자로 세우려 함이니 이를 위하여 나도 내속에서 능력으로 역사하시는 이의 역사를 따라 힘을 다하여 수고하노라" (골 1:28~29)

2. 하나님의 주권과 우리의 책임

바울은 육성에 있어서 하나님의 주권과 우리의 책임 사이에 균형이 있다고 말한다.

1 하나님의 주권 : 하나님은 모든 그리스도인들 안에서 홀로 주권적으로 일하신다. 즉, 하나님만이 사람을 거듭나게 하시고 성장하게 하신다(고전 3:6~7).

2 사람의 책임 : 육성에 있어서 하나님이 절대주권을 가지고 계시지만 인간에게도 책임이 있다는 것을 알아야 한다(고전 3:8~9).

(1) 우리는 지상에서 ______________의 _________이다.

(2) 우리는 하나님께 __________를 맡겨야 한다.

3 바울이 말한 우리의 책임

(1) 우리의 첫 번째 책임은 ________하는 것이다.

① 이것은 모든 바울서신에 나타나 있다.

골로새서 1:9 그들에 대해 듣던 날부터 기도하기를 __________않았다.

빌립보서 1:3 그들을 생각할 _________ 기도했다.

빌립보서 1:4 간구할 때마다 _________ 항상 기도했다.

② 바울은 기도를 통해 하나님이 시작하신 일을 이루실 것을 확신할 수 있었다.

빌립보서 1:6 ________을 가지고 기도했다.

(2) 우리의 두 번째 책임은 _________ 하고 _________ 하는 것이다.

빌립보서 1:7~8 예수 그리스도의 _________으로 사랑했다.

3. 바울의 육성 방법: 데살로니가교회에서의 예

데살로니가전서 2:5~12에는 바울이 데살로니가 성도들을 육성한 방법과 그 원리들이 잘 묘사되어 있다. 그 중 바울이 사용한 몇 가지 육성 방법과 원리들을 찾아보자.

1 열린 마음과 정직한 마음(살전 2:5~6)

2 어머니처럼 대함

(1) 데살로니가전서 2:7 _________과 _________으로 돌보았다.

(2) 데살로니가전서 2:8 _________ 을 함께 보냈다.

① 바울은 _________ 의 _________ 까지 주었다.

② _________ 가 되었다.

(3) 성경 말씀을 전했다.

(4) 데살로니가전서 2:9 항상 ________ 하고 _________

3 아버지처럼 행함

(1) 데살로니가전서 2:10 믿는 자들의 _________ 이 되었다.

① 그는 가치 있는 일을 행하는 것이 얼마나 중요한지 직접 본을 보였다.

② 제자들에 대한 자신의 태도를 중요하게 생각했다.

(2) 데살로니가전서 2:11 아버지처럼 _________ 했다.

① 바울은 제자들을 권면하고 격려했으며 필요할 때는 훈계하며 잘못을 바로 잡아주었다.

② 우리가 예수 그리스도께로 인도한 사람들을 그리스도 안에서 올바른 길로 나아가도록 도와주어야 한다.

4. 바울이 사용한 육성 방법의 결과들

1 데살로니가전서 1:6~10 예수 그리스도를 닮아가게 되었다.

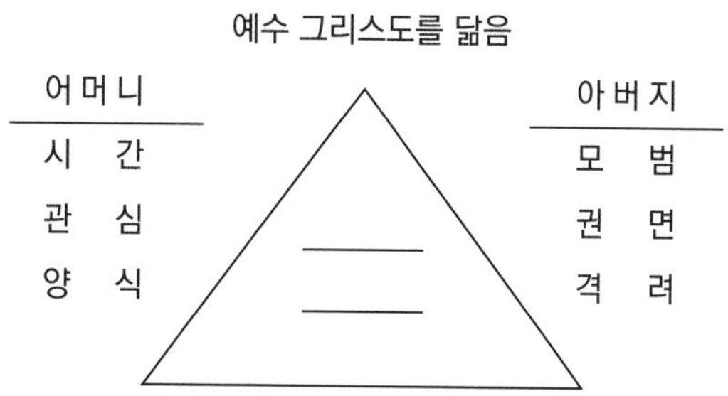

2 우리가 육성하는 그리스도인들이 모든 면에서 성장해 나가는 것을 보는 것은 커다란 기쁨이다(요삼 4절).

강의 6

전도와 육성의 관계

개관 목적

지속적인 전도와 육성의 원칙들을 이해하고
개인 사역에 적용할 수 있다.

학습 목표

1. 새 신자를 제자로 육성하기 위하여 전도에 참여시키는 방법을 설명할 수 있다.
2. 전도가 육성의 필수적인 단계임을 가르쳐 주는 성경적 근거를 말할 수 있다.
3. 마가복음 4장에서 보여 주는 전도와 육성의 관계를 설명할 수 있다.
4. 지속적인 전도와 육성의 관계에 대한 원리들을 적용할 수 있다.

서론 : 전도와 육성의 관계에 대한 견해

어떤 사람이 다음과 같이 말했다고 가정해 보자. "예수 그리스도를 영접하여 영적으로 새롭게 태어난 새 신자는 성숙한 그리스도인으로 성장하도록 성경 말씀을 배우고 기도 모임에 참석해야 한다. 아직 영적으로 어린 새 신자는 누군가를 전도하기 어렵다. 그들은 성경 말씀과 기도를 배워 성장하고 난 후에야 전도할 수 있다. 지금 우리에게는 육성해야 할 새 신자들이 많기 때문에 당분간은 전도하지 않고 육성에 집중하는 것이 좋겠다."

당신은 이런 견해에 대해 어떻게 생각하는가?

위의 질문에 대한 당신의 대답은 당신이 제자화 과정에 있어서 전도와 육성의 관계를 어떻게 이해하고 있는지를 보여준다. 제자화에 관심을 갖고 있는 그리스도인들은 일반적으로 전도와 육성을 두개의 분리된 사역으로 생각한다. 예수님은 전도와 육성의 관계를 어떻게 생각하셨는지 살펴보자.

1. 전도와 육성의 관계에 대한 예수님의 관점

질문 아래 성경 말씀들에 의하면 예수님은 제자들을 어떻게 육성하셨는가?

마태복음 4:19

요한복음 2:1~11

요한복음 9:1~7

질문 예수님은 제자화의 관점에서 전도와 육성을 어떻게 보셨는가?

1 위의 말씀들은 예수님께서 대중에게 __________가운데 제자들을 훈련시키셨음을 보여 준다. 예수님은 제자 육성을 사람들의 실제 생활의 __________ 으로부터 분리시키지 않으셨다. 즉, 예수님은 제자들을 교실에서만 훈련시키지 않으셨고, 반대와 저항이 있는 __________ 속에서 그들을 가르치셨다.

2 효과적인 제자화는 당신의 제자들을__________에 참여시키는 것이다.

2. 마가복음 4장에서 보여 주는 전도와 육성의 관계

질문 마가복음 4:3~9, 14~20의 씨 뿌리는 비유는 전도와 육성의 관계에 대해 우리에게 무엇을 가르쳐 주는가?

____

____

1 우리는 많은 사람들을 얻기 위해 복음의 씨앗을 __________ 뿌려야 한다.

2 마가복음 4장은 당신이 예수 그리스도께 인도한 모든 사람이 열매 맺는 __________가 되는 것은 아니라는 것을 말해준다. 그러므로 많은 __________을 육성하려면 그보다 훨씬 더 많은 사람들을 전도해야 한다.

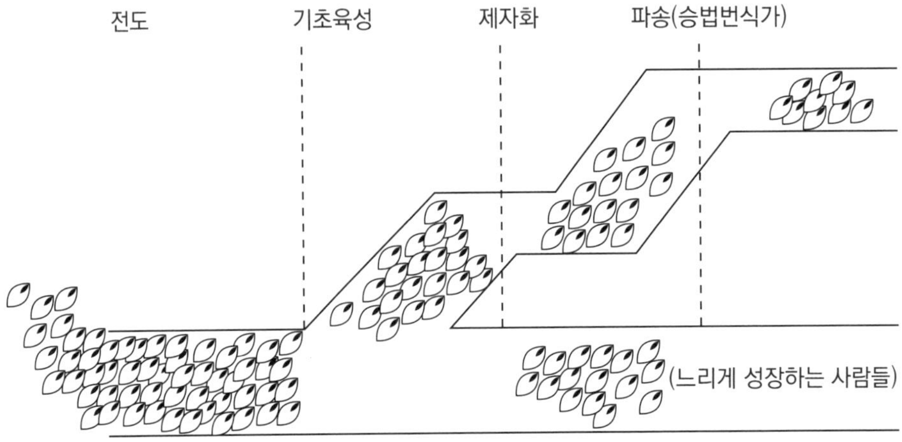

〈많이 뿌려야 할 필요성에 대한 도표〉

3 우리는 예수 그리스도께로 인도한 사람들이 모두 제자가 되기를 원하지만, 그들 모두가 열매 맺는 ________ 가 되지 않더라도 좌절하지 말아야 한다. 열매 맺는 것은 사람마다 큰 차이가 있다.

4 제자화는 그 사람과 함께 보낸 ______ 의 양에 의해 보장되는 것이 아니다. 오랫동안 제자 육성을 받은 사람이라도 예수 그리스도를 신실하게 따르지 않는 경우가 있는 반면, 짧은 시간동안 제자 육성을 받아도 제자로 성숙한 사람이 있다. 영적 성장에는 다양한 _______ 가 있다.

5 우리는 "한 사람 전도해서 한 사람 육성" 하려는 생각을 바꾸어야 한다. 그렇지 않으면 ______ 을 일으키는 사역을 결코 하지 못할 것이다.

6 우리는 항상 준비된 사람들을 찾아내고, 시간을 투자해서 그들이 다른 사람들을 ________ 하고 ________ 하도록 도와야 한다.

3. 사례 연구

1 캠퍼스에서의 사례

경영학과에 다니고 있는 영수는 자기 과의 모든 학생들에게 복음을 전하기 위해 기도해왔다. 그러던 어느 금요일 오후, "친구 초청의 밤" 이라는 전도 모임이 캠퍼스에서 열렸다. 영수는 그동안 기도해 왔던 같은 과 친구 승재를 초대했다. 승재는 전도 모임에 참석했고 거기에서 예수 그리스도를 영접했다. 영수는 너무 기뻤다.

바로 다음 날 영수는 승재를 다시 만나 「새생활의 시작」 1권을 같이 공부했다. 공부를 마치고 영수는 그가 학과 친구 모두를 위해서 기도하고 있었다는 것을 승재에게 말해 주었고 그도 함께 기도해 줄 것을 부탁했다.

그 다음 주, 근처에 있는 다른 학교에서 크리스찬 콘서트가 열렸다. 그들은 같은 과 친구 기범이를 초청하여 함께 콘서트에 갔다. 콘서트가 끝난 후, 영수는 기범이에게 사영리를 전했고 승재는 옆에서 지켜보고 있었다. 어떻게 복음을 전하는지 궁금하기도 하고 두렵기도 했던 승재는, 기범이에게 자연스럽게 사영리를 읽어주는 영수를 보며 전도가 생각처럼 그다지 어렵지 않다고 느끼게 되었다.

콘서트가 끝나고 그들이 교정에서 이야기를 나누고 있을 때, 마침 승재는 친구 용준이를 만나게 되었다. 그는 반갑게 용준이에게 인사를 하고 영수와 기범이를 소개했다. 승재는 자연스럽게 콘서트에 대해 이야기를 하면서 용준이에게 복음을 전했다. 이 때 영수는, 용준이에게 사영리를 읽어 주는 것이 어떻겠냐고 승재에게 제안했다. 승재는 조금 당황스러웠으나 조금 전

영수가 기범이에게 사영리를 그대로 읽어 주었던 모습을 떠올리고는 용기를 내어 용준이에게 사영리를 읽어 주었다. 용준이는 진지했고 예수님을 영접하는 기도를 따라했다. 승재는 기쁘고 감격스러웠다. 이상하게도 승재는 용준이에게 그전보다 훨씬 더 친밀감을 느꼈고 용준이의 신앙 성장을 도울 수 있는 영수 같은 사람이 필요하다고 생각했다.

2 직장에서의 사례

CCC 간사인 한수는 한 직장 신우회 모임에서 영재를 만났다. 영재는 보험회사 지점장이였다. 모임이 끝난 후 한수는 영재를 점심식사에 초대했고 영재는 흔쾌히 수락했다. 점심시간에 한수는 영재가 예수 그리스도를 영접했으나 아직 확신하지 못하고 있음을 알게 되었다. 한수는 곧 사영리 11쪽에 나와있는 구원의 확신 부분을 설명해 주었고, 그 때 영재는 예수 그리스도가 자기 안에 계시며 절대로 자신을 떠나지 않으신다는 사실을 확신하게 되었다. 영재는 자신의 사무실에 40명의 사람들이 함께 일하고 있다고 한수에게 말했다. 그러자 한수가 영재에게 물었다.

한수 : 영재씨, 그들 모두가 함께 모이는 시간이 있습니까?

영재 : 네, 매주 금요일 저녁에 전체 미팅이 있습니다.

한수 : 허락하신다면, 제가 그 모임에서 간략하게 전도 메시지를 전하고 싶은데요.

영재 : 아! 그거 좋겠네요. 그 동안 회사에서 예수님을 전할 수 있을 거라고는 전혀 생각지도 못하고 있었거든요.

한수 : 잘 됐습니다. 그러면 제가 메시지를 약 15분 정도 전하고, 영재씨가 어떻게 하나님을 알게 되었는지 간증해 주시면 좋을 것 같은데요

영재 : 간증이요? 글쎄요. 제가 간증을 할 수 있을지 모르겠습니다. 사실 동료나 직원들 앞에서 내 자신의 신앙을 나타낸다는 것이 선뜻 용기가 나지 않습니다만…….

한수 : 제가 간증을 준비하고 나누는 방법을 가르쳐 드리겠습니다. 다음 금요일에 이 모임을 하면 어떻겠습니까? 괜찮으시다면 내일 다시 만나서 구체적으로 의논하면 좋겠습니다.

금요일 저녁 모임에서 영재는 직원들에게 한수를 소개했다. 한수는 사영리를 통해 복음을 전했다. 영재는 자신이 어떻게 그리스도인이 되었는지 간증했다. 모임이 끝난 후 한수는 특별히 참석한 부사장에게 예수 그리스도를 전했고 영재는 이를 지켜보았다. 그 후, 한수는 영재에게 직장 동료들 중 한 사람에게 그리스도를 전하길 권면했다. 영재는 한수가 한 그대로 사영리를 동료에게 읽어 주었다. 동료는 예수님을 영접하지는 않았지만 성경에 대해서 더 알고 싶다고 했다. 영재는 많은 사람들이 복음에 대해 관심이 있다는 것을 알게 되었고 이런 모임을 지속적으로 갖고 전도를 꾸준히 해야겠다고 다짐했다.

위의 두 사례들에서 영수와 한수는 제자로 육성하기 위해 어떤 일들을 실행했는가?

____

____

____

____

4. 전도와 육성의 관계에 대한 원리

1 새 신자들을 제자로 육성하기 위해서는 __________에 참여시켜야 한다.

2 위의 사례들에 나오는 사람들은 일상 생활 속에서 전도를 계속해 나가는 가운데 __________ 되었다. 사례에서 제자들은 전도 과정에서 관찰하고 ________하고 있었기 때문에 전도에 대해 적극적인 태도를 취할 수 있었다.

3 우리는 믿지 않는 이들을 예수 그리스도께로 인도하는 하나님의 도구로써 쓰임 받는 동시에, 우리에게 주어진 새로운 제자들과 함께 계속________함으로 제자들을 육성해야 한다.

4 이것은 새 신자의 필요를 채워주기 위해 그들과 개인적으로 시간을 함께 보내는 것이 중요하지 않다는 말이 아니다. 제자화는 ________ 속에서 지속적으로 전도가 이루어지는 중에 진행되어야 한다는 뜻이다.

5. 적용

질문 이 강의를 통해서 알게 된 예수님의 육성 철학에 비추어서, 전도와 제자화에 관해 당신이 시작해야 할 일들은 어떤 것들이 있는가?

____

____

실천 사항 : 앞에서 토론했던 전도와 육성의 원칙들을 적용하여 제자화 사역에 대한 계획을 세워보라.

강의 7

순모임으로의 초대

개관 목적

새 신자에게 기초 육성의 중요함을 알게 하고
순모임에 참여 하도록 동기부여 하는 것을 배운다.

학습 목표

1. 기초 육성을 정의할 수 있다.
2. 기초 육성의 5가지 목표를 말할 수 있다.
3. 기초 육성의 4가지 방법을 말할 수 있다.
4. 전도 후 첫 번째 육성 만남에 새 신자를 초대하는 방법을 말할 수 있다.

서론 : 사례연구

영수는 오늘 그리스도를 영접했다. 점심시간에 어떤 사람이 영수에게 다가와 4영리를 읽어주었을 때 예수 그리스도를 영접하는 기도를 했다. 4영리를 전해준 사람은 급한 일이 있어 더 많은 이야기를 나누지 못한다며 곧바로 자리를 떠났다. 영수는 그리스도를 영접한 것이 기뻤고, 행복한 마음마저 들었다. 하지만 시간이 지나고 집으로 돌아가는 길에 몇 가지 의문이 생기기 시작했다.

"내가 다시 죄를 지으면 어떻게 될까?"

"또 다시 예수 그리스도를 영접해야 하는 걸까?"

"그리스도인이 되었는데 교회에 가는 것은 어떻게 해야 할까?"

"어떻게 하면 하나님을 더 잘 알 수 있을까?"

영수는 이런 질문들의 해답을 알고 싶어서 누군가의 도움을 받고 싶었다.

만일 당신이 영수에게 전도한 사람이라면 그에게 무엇을 해주어야 하는가?

____

____

1. 성경에 나오는 기초 육성의 사례

1 예루살렘의 베드로

"그 말을 받은 사람들은 세례를 받으매 이날에 신도의 수가 삼천이나 더 하더라 그들이 사도의 가르침을 받아 서로 교제하고 떡을 떼며 오로지 기도하기를 힘쓰니라" (행 2:41~42)

2 더베의 바울

"복음을 그 성에서 전하여 많은 사람을 제자로 삼고 루스드라와 이고니온과 안디옥으로 돌아가서 제자들의 마음을 굳게 하여 이 믿음에 머물러 있으라 권하고 또 우리가 하나님의 나라에 들어가려면 많은 환난을 겪어야 할 것이라 하고" (행 14:21~22)

2. 기초 육성의 정의

기초 육성이란 새 신자에게 신앙의 기본 진리를 __________ 영적으로 성숙하고 __________ 에 참여할 수 있게 하는 과정이다.

"이는 성도를 온전하게 하여 봉사의 일을 하게 하며 그리스도의 몸을 세우려 하심이라 우리가 다 하나님의 아들을 믿는 것과 아는 일에 하나가 되어 온전한 사람을 이루어 그리스도의 장성한 분량이 충만한 데까지 이르리니"(엡 4:12~13)

3. 기초 육성의 목표

1 새 신자가 믿음의 근거를 ________ 에 두게 한다(딤후 3:16~17).

2 영적 성장의 성경적 원리를 새신자가 이해하도록 도와준다.

3 새 신자와 ________ 를 돈독하게 한다.

4 새 신자에게 모든 그리스도인이 자신의 믿음을 다른 사람에게 ________ 하나님의 뜻임을 알게 한다.

5 새 신자가 믿지 않는 사람을 그리스도께 인도하고, 전도한 그들을 육성할 수 있는 ________ 로 성장하도록 돕는다.

4. 기초 육성의 방법

1 하나님께서 ________ 하신다는 것을 기억하고 그를 위해 정기적으로 기도하라.

"나는 심었고 아볼로는 물을 주었으되 오직 하나님께서 자라나게 하셨나니"(고전 3:6)

2 새 신자와의 ________ 를 돈독하게 해 나가야 한다.

(1) 다음과 같은 분위기를 만들어라.

① 사랑
② 격려
③ 친밀감

(2) 그의 ________ 가 되라.

① 그를 찾아 가서 만나라.
② 함께 재미있는 일을 하라.

③ 그에 대해 알아가라(그의 가족, 취미, 목표, 친구, 관심사, 고민 등).

④ 당신의 생활을 보여 주라.

㉠ 있는 그대로 보여 주라.

㉡ 당신의 생활에서 그리스도가 어떤 분인지를 보여 주라.

⑤ 그에게 관심을 가지고 ________ 하라.

3 새 신자가 영적으로 성장하고 싶은 마음을 갖게 하라.

(1) 자신의 ________ 를 깨닫게 하라.

(2) 그의 필요에 ________를 관련시켜 주라 .

(3) 새 신자가 하나님 안에서 성장하도록 돕기 위해 정기적으로 만나라.

4 그를 다른 그리스도인들에게 소개하고 그들과 ________ 하라.

5. 전도 후 첫 번째 육성 만남에 새 신자를 초대하기

1 새 신자가 그리스도를 영접한 지 ________ 내에 다시 만나라.

"뿌리는 자는 말씀을 뿌리는 것이라 말씀이 길가에 뿌려졌다는 것은 이들을 가리킴이니 곧 말씀을 들었 을 때에 사탄이 즉시 와서 그들에게 뿌려진 말씀을 빼앗는 것이요" (막 4:14~15)

2 그에게 하나님과의 관계가 성장해야 하는 이유를 깨닫게 하라.

3 새 신자와 만날 구체적인 ______ 과 ______ 를 정하라.

4 다시 만나기 전에 그에게 사영리를 ________ 오도록 하고 예수님께서 그의 생애에 들어오신 것을 다시 ________ 하게 하라.

6. 시범

당신 : 영수씨는 오늘 그리스도를 영접하셨습니다. 이제 그리스도와 개인적인 관계를 맺기 시작한 것입니다. 그렇지만 이것은 관계의 시작에 불과합니다. 예를 들어 볼까요? 영수씨와 저는 오늘 처음 만나 얘기를 나누었잖아요. 그런 의미에서 우리는 친구 관계를 시작한 셈입니다. 하지만 오늘 이후 우리가 다시 만나지 않는다면 우리의 우정이 깊어질 수 있을까요?

영수 : 아니요.

당신 : 왜 그럴까요?

영수 : 그야, 함께 시간을 보내며 많은 이야기를 하면서 서로를 알아 갈 때 우정은 깊어지기 때문이지요.

당신 : 그렇습니다. 우리가 자주 만나 함께 시간을 보내고 대화를 많이 나누어야 우정이 깊어지듯이, 예수님과 영수씨와의 관계도 마찬가지입니다. 예수님과의 관계가 깊어지기 위해서는 영수씨가 예수님과 함께 더 많은 시간을 보내고, 예수님과 대화하는 법도 배울 필요가 있습니다. 영수씨가 그렇게 예수님과의 관계가 깊어지도록 제가 도와드리고 싶은데 괜찮으신지요?

영수 : 예, 괜찮습니다.

당신 : 내일 오후 2시에 만나면 어떨까요?

영수 : 좋습니다.

당신 : 장소는 어디로 할까요? 괜찮으면 오늘 만난 이곳도 좋은 것 같은데...

영수 : 예. 여기로 하지요.

당신 : 그럼 내일 바로 이 자리에서 오후 2시에 만납시다.

영수 : 그렇게 하겠습니다.

당신 : 오늘 집에 가셔서 4영리를 다시 한 번 읽어 보세요. 그리고 그리스도께서 영수씨 마음에 들어오신 것에 대해 감사하세요. 감사는 믿음의 표현이거든요. 내일 만나면 〈그리스도와 함께하는 새 생활의 시작〉이라는 작은 책자를 공부하겠습니다.

영수 : 네, 좋습니다.

당신 : 감사합니다. 내일 오후 2시에 여기에서 만나는 것 잊지 마세요. 그럼 내일 뵙겠습니다. 안녕히 가세요.

7. 둘씩 짝지어서 연습

8. 실천 사항

1. 복음을 전한 후 기초 육성 만남에 초대하고 싶은 사람을 위해 기도하라.

2. 두 명 이상에게 복음을 전하고 첫 번째 육성 만남에 초대하라.

강의 8

하나님과의 관계를 최우선에 두기

개관 목적

하나님과의 관계를 최우선에 두도록 돕는다.

학습 목표

1. '최우선' 의 정의를 내릴 수 있다.
2. 하나님과 함께하는 시간을 최우선으로 두어야 하는 이유를 설명할 수 있다.
3. 하나님과의 관계를 발전시키는 실제적인 단계를 말할 수 있다.

서론 : 사례연구

명규와 혜선이가 결혼했을 때 그들은 그 결혼이 지금까지 한 일 중에서 가장 탁월한 선택이었다고 믿었다. 그들은 서로를 너무나 사랑하고 자랑스럽게 여겼기에 그들의 사랑은 결코 식지 않을 것이라고 생각했다. 달이 가고 해가 지남에 따라 명규는 점점 사업에 몰두하게 되었고 혜선이도 자녀들을 돌보는 데 대부분의 시간을 사용하게 되었다. 물론 그들은 아직도 서로를 사랑했고 서로를 돕기 위해 노력했다. 명규는 집이나 차에 문제가 없도록 늘 수리해 놓았고, 혜선에게는 그녀의 생일이나 명절에 값비싼 선물을 사 주었다. 혜선이는 명규를 위해 특별한 음식을 준비하곤 했고, 그를 위해 집을 말끔히 정리해 두었다. 그들은 이웃에서 하는 공동 사업에도 함께 참여하여 부부의 화목함을 나타내곤 했다.

그러나 시간이 지남에 따라 그들은 서로를 기쁘게 해주는 그런 특별한 노력을 등한히 하기 시작하였다. 그들은 '나의 바쁜 일정을 이해해 주겠지.' 라고 서로 생각했다. 그들은 함께 보내는 시간을 별로 갖지는 못했으나 결혼한 부부로서 정상적인 관계를 유지하고 있다고 느꼈다.

그럼에도 불구하고 결혼한 지 6년이 지나자 그들은 서로를 대하는 태도가 올바른 것인지 의심을 갖기 시작했고 결혼 상담가를 찾아가게 되었다.

명규와 혜선의 관계에 금이 가기 시작한 때는 언제쯤인가?

____

____

이 결혼 관계를 우리와 하나님과의 관계에 어떻게 비교할 수 있는지 생각해 보라. 우리와 하나님과의 관계가 명규와 혜선이의 관계처럼 되지 않도록 하려면 무엇을 해야 하는가?

____

____

1. 최우선의 정의

어떤 활동이나 관계가 다른 것보다 더 높은 가치를 지니기 때문에 ________ 과 ________ 을 가장 우선적으로 배당해야 하는 것이다.

2. 하나님과 시간을 보내야 하는 이유

1 그가 우리의 ________ 의 완전한 원천이시기 때문이다(엡 2:5).

"허물로 죽은 우리를 그리스도와 함께 살리셨고 (너희는 은혜로 구원을 받은 것이라)"

2 그가 이 세상에서 우리의 ________ 의 완전한 원천이시기 때문이다(요 10:10하).

"내가 온 것은 양으로 생명을 얻게 하고 더 풍성히 얻게 하려는 것이라"

3 그가 우리의 ________ 의 완전한 원천이시기 때문이다(요 11:25).

"예수께서 이르시되 나는 부활이요 생명이니 나를 믿는 자는 죽어도 살겠고"

4 그가 우리를 위해 너무나 많은 일을 하셨기 때문이다(엡 1:3-14).

토의 그룹별로 다음 성경 구절을 보면서 하나님께서 우리를 위해 하신 수많은 일들을 찾아보자.

제 1그룹 : 에베소서 1:3,4	제 4그룹 : 에베소서 1:9,10
제 2그룹 : 에베소서 1:5,6	제 5그룹 : 에베소서 1:11,12
제 3그룹 : 에베소서 1:7,8	제 6그룹 : 에베소서 1:13,14

3 찬송하리로다 하나님 곧 우리 주 예수 그리스도의 아버지께서 그리스도 안에서 하늘에 속
한 모든 신령한 복을 우리에게 주시되 4 곧 창세 전에 그리스도 안에서 우리를 택하사 우리로
사랑 안에서 그 앞에 거룩하고 흠이 없게 하시려고 5 그 기쁘신 뜻대로 우리를 예정하사 예수
그리스도로 말미암아 자기의 아들들이 되게 하셨으니 6 이는 그가 사랑하시는 자 안에서 우
리에게 거저 주시는 바 그의 은혜의 영광을 찬송하게 하려는 것이라 7 우리는 그리스도 안에
서 그의 은혜의 풍성함을 따라 그의 피로 말미암아 속량 곧 죄 사함을 받았느니라 8 이는 그
가 모든 지혜와 총명을 우리에게 넘치게 하사 9 그 뜻의 비밀을 우리에게 알리신 것이요 그의
기뻐하심을 따라 그리스도 안에서 때가 찬 경륜을 위하여 예정하신 것이니 10 하늘에 있는 것
이나 땅에 있는 것이 다 그리스도 안에서 통일되게 하려 하심이라 11 모든 일을 그의 뜻의 결
정대로 일하시는 이의 계획을 따라 우리가 예정을 입어 그 안에서 기업이 되었으니 12 이는
우리가 그리스도 안에서 전부터 바라던 그의 영광의 찬송이 되게 하려 하심이라 13 그 안에서
너희도 진리의 말씀 곧 너희의 구원의 복음을 듣고 그 안에서 또한 믿어 약속의 성령으로 인
치심을 받았으니 14 이는 우리 기업의 보증이 되사 그 얻으신 것을 속량하시고 그의 영광을
찬송하게 하려 하심이라

5 ________ 께서 이 원리의 중요성을 ________ 로 보여 주셨기 때문이다 (요 5:19)

"그러므로 예수께서 그들에게 이르시되 내가 진실로 진실로 너희에게 이르노니 아들이 아버지께서 하시는 일을 보지 않고는 아무 것도 스스로 할 수 없나니 아버지께서 행하시는 그것을 아들도 그와 같이 행하느니라"

3. 하나님과 당신의 관계를 발전시키는 실제적인 단계

1 하나님과 당신의 관계가 최우선되어야 한다는 것을 당신의 ________ 로 결정하라.

2 그의 말씀을 통해 하나님께서 당신에게 ________ 말씀하시도록 하라.

3 매일 ________ 를 통해 정직한 마음으로 하나님과 대화하라.

4 하나님께서 원하시는 일은 ________ 온 힘을 다하여 하라.

5 매일 ________ 의 능력으로 행하라.

4. 나의 최우선 순위

1 일주일은 168시간이다. 당신은 매주 하나님과 얼마나 시간을 보내고 있는가?

2 하나님과 함께하는 시간을 얼마나 더 갖기 원하는가?

3 이를 위해 줄이거나 바꿔야 할 활동은 무엇인가?

강의 9

새생활의 시작 개관

개관 목적

「새생활의 시작」을 개관하고 1권을 인도할 수 있다.

학습 목표

1. 기초 육성에서 기억해야 할 4가지 원칙들을 알게 된다.
2. 「새생활의 시작」 1-6권의 핵심을 말할 수 있다.
3. 「새생활의 시작」 1권을 인도하는 방법을 알게 된다.
4. 「새생활의 시작」 1권을 인도할 수 있다.

서론

기초 육성은 새 신자를 _______ 그리스도인으로 세우기 위한 과정이다.

"우리가 그를 전파하여 각 사람을 권하고 모든 지혜로 각 사람을 가르침은 각 사람을 그리스도 안에서 완전한 자로 세우려 함이니" (골 1:28)

1. 「새생활의 시작」을 인도할 때 기억해야 할 원칙

1 우리의 전달 방식은 전달 내용 못지 않게 중요하다.
______________________ 하라.

2 새 신자의 _________를 채워주는 것은 진도를 나가는 것보다 더 중요하다.

3 이해와 사랑의 분위기를 조성하라.

4 새 신자는 _______________하는 주님의 제자가 될 수 있다는 사실을 명심하라.

2. 「새생활의 시작」 개관

「새생활의 시작」은 새 신자가 하나님과의 관계를 성장시켜 나가도록 돕기 위한 육성의 가장 기초적인 교재이다.

1 1권 : 〈그리스도와 함께하는 새생활의 시작〉
하나님과 우리 사이의 올바른 _________ 확신(새로운 관계, 새로운 생명 - 영생, 새로운 체험)

2 제 2권 : 〈그리스도와 교제하는 새생활의 시작〉
________와 ________의 차이점을 알고 ________을 통한 교제의 회복

3 3권 : 〈성령 안에서 사는 새생활의 시작〉
___________을 받는 방법

4 4권 : 〈그리스도 안에서 성장하는 새생활의 시작〉

성장을 위한 영적 자양분 : ________, ________, ________

5 5권 : 〈하나님의 말씀 안에서 사는 새생활의 시작〉

성경을 공부하는 방법: ________, ________, ________

6 6권 : 〈기도하는 새생활의 시작〉

하나님과 대화하기 :________(Adoration), ________(Confession), ________(Thanksgiving), ________(Supplication)

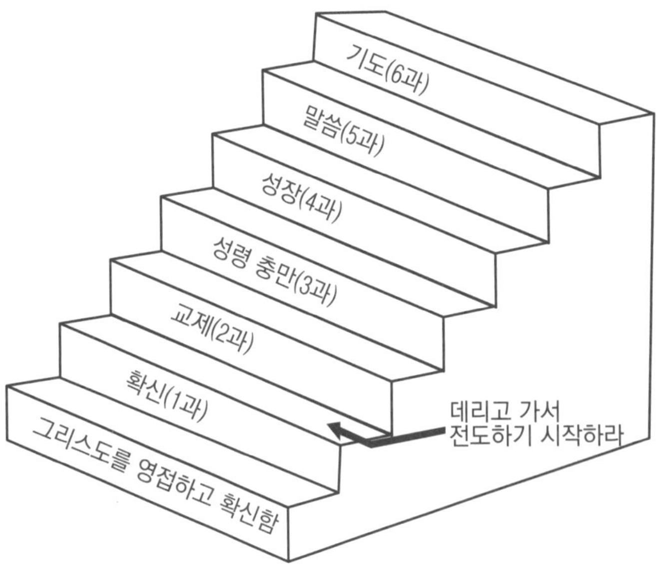

3. 「새생활의 시작」 인도하는 방법

새 신자에게 예수 그리스도가 그의 마음속에 계시다는 사실을 확신하게 하는 것이 중요하다.

1 새 신자에게 안부를 묻고 당신 자신의 삶도 나눔으로써 ________ 을 형성한다.

2 4영리를 읽고 그리스도께서 그의 마음속에 들어오신 것에 대해 감사했는지 물어 본다.

3 「새생활의 시작」 1권을 함께 공부한다.

① 당신과 새 신자가 돌아가며 질문을 읽는다.

② 「새생활의 시작」 에 나오는 성경 구절은 당신이 찾아준다.

③ 새 신자가 성경 구절들을 읽게 한다.

④ 당신이 다시 그 질문을 읽는다.

⑤ 새 신자가 질문에 답하게 한다. 필요한 경우 같이 토론한다.

⑥ 당신이 정확한 답을 말해준다.

⑦ 새 신자가 자신의 책자에 답을 기록하게 한다.

4 「새생활의 시작」1권을 마친다.

①새 신자에게 함께 공부한 시간이 의미가 있었음을 알게 한다.

② 새 신자가 하나님을 더 잘 알도록 돕기 원한다는 사실을 말하고 ___________ 을 요청한다.

③ 구체적으로 다음에 만날 ___________ 를 정하여 기록한다.

④ 다음 순모임 전까지 Action Point를 행하도록 강조한다.

⑤ 끝에 나오는 "성장을 위한 제안" 을 다음 만남 전까지 읽어 오도록 한다.

⑥ 당신이 _________ 하러 갈 때 새 신자도 함께 가서 당신이 전도하는 것을 관찰할 것을 요청한다.

⑦ 기도로 마친다.

4. 〈그리스도와 함께하는 새생활의 시작〉 시범

강의 10

새생활의 시작 실습

개관 목적

「새생활의 시작」 1권을 실제적으로 인도할 수 있다.

학습 목표

1. 「새생활의 시작」 1권을 사용하여 첫 번째 순모임을 인도할 수 있다.
2. 새 신자와 친밀감을 형성할 수 있다.
3. 새 신자에게 다음 순모임에 나오도록 동기 부여할 수 있다.
4. 첫 번째 순모임을 마무리 할 수 있다.

1. 실습하기

1 당신의 짝과 「새생활의 시작」 1권 인도하기를 연습하라.

2 친밀감을 형성하면서 「새생활의 시작」을 인도하라.

3 지난 강의에서 배운 기초 순모임의 원리들을 적용하라.

4 「새생활의 시작」 1권 인도하기를 마무리하라.

5 짝을 바꾸어 다시 연습하라.

2. 시범 대화

당신 : 영수씨 다시 만나기를 기다렸습니다. 어제 우리가 나눈 대화에 대해 더 생각을 해 보셨습니까?

영수 : 네, 그랬습니다. 솔직히 말씀드리면 예수님께서 하신 일이 모두 나를 위한 것인지 잘 모르겠습니다.

당신 : 네 무슨 말씀인지 잘 알겠습니다. 어제 말씀드린 것처럼 영수씨는 그리스도를 마음속에 영접함으로 하나님과 새로운 관계를 시작했습니다. 그러나 하나님을 알아가는데는 시간이 걸립니다. 저도 영수씨와 같은 생각을 한 적이 있습니다. 그렇기 때문에 제가 영수씨를 다시 만나 하나님을 더 잘 알 수 있도록 도와드리려고 하는 것입니다. 저에게도 도움을 준 친구가 있었습니다.
4영리를 다시 읽고 예수 그리스도께 영수씨 마음속에 들어오심에 대해 다시 한 번 감사를 드렸나요?

영수 : 어제 오후에 4영리를 읽어보았습니다.

당신 : 어제 우리가 나눈 대화중에서 질문이 있습니까?

영수 : 지금은 없습니다.

당신 : 그렇군요. 오늘 우리가 나누려 하는 것은 〈그리스도와 함께 하는 새 생활의 시작〉이라고 하는 이 책자입니다. 책자의 질문들을 함께 읽어 나가 보겠습니다.

(영수에게 「새생활의 시작」 1권 책자의 서문을 읽어 주고 난 다음에 1쪽을 펴게 하라.)

당신 : 영수씨, 제가 질문을 읽고 제 성경에서 구절들을 찾겠습니다. 그런 다음 토론해 보고 영수씨는 답을 책자에 적으십시오.

영수 : 네, 그것 재미있을 것 같군요.

(2페이지에 있는 첫 두 문단을 읽으라)

당신 : 이러한 방법으로 영수씨의 마음과 생활 속에 그리스도를 영접한 일이 있습니까?.

영수 : 네.

당신 : 그 답을 영수씨의 책자에 적으십시오.

당신 : 그렇다면 영수씨의 경우 그리스도는 지금 어디에 계십니까?

영수 : 제 마음에요.

당신 : 요한계시록 3장 20절에 의하면 그리스도가 영수씨의 안에 계신 것을 어떻게 알 수 있습니까?

영수 : 그가 들어오시겠다고 말씀하셨으니까요.

당신 : 그렇습니다.

(답을 그의 책자에 기록하게 하라.)

당신 : 질문을 계속 살펴보겠습니다.

영수 : 좋습니다.

(이와 같은 방법으로 1권의 결론까지 인도하라.)

당신 : 예수님을 영접하면 하나님과 새로운 관계를 맺고 새로운 생명을 얻으며 새로운 체험을 하게 됨을 배웠습니다. 영수씨에게 도움이 되었나요?

영수 : 도움이 되었어요.

당신 : Action Point 부분을 펴 볼까요? 일주일 동안 하나님께서 행하신 일을 날마다 한 가지씩 감사하십시오. 그리고 더 하나님을 알고 확신 할 수 있도록 요한복음1-3장과 신앙개념 1권 '그리스도인임을 확신하는 방법' 을 읽어보시기 바랍니다.

영수 : 네, 그러겠습니다.

당신 : 예수님을 영접하여 하나님과 새로운 관계가 시작되었는데 만일 죄를 지으면 어떻게 될까요? 이 관계가 끊어질까요?

영수 : 글쎄요.

당신 : 궁금하시지요? 「새생활의 시작」 2권에서는 바로 이 문제를 다룹니다. 다음 주에

다시 만나 우리 함께 이야기해보지요. 그리고 영수씨와 같은 새 신자들의 모임이 있습니다. 같이 모여 이야기하고 서로를 위해 기도하고 성경도 공부하지요. 이러한 모임에 참석하면 아주 재미있고 많은 도움이 될 것입니다. 다음 주에는 약 45분이나 1시간 정도 영수씨와 만날 수 있으면 좋겠습니다.

영수 : 예. 좋습니다.

당신 : 그럼 다음 주 화요일 오후 3시에 여기서 만날까요? 괜찮으시겠습니까?

영수 : 네, 그때 나오겠습니다.

당신 : 영수씨, 시간과 장소를 메모하시지요. 저도 메모하겠습니다.

영수 : 네, 적었습니다.

당신 : 영수씨, 저는 이 학교 학생들에게 4영리를 사용하여 그리스도에 대해 나누고 있습니다. 이제 전도하려고 하는데 저와 같이 가보시겠습니까?

영수 : 네, 같이 가서 한번 보고 싶습니다.

당신 : 그럼 지금 기도하고 모임을 마친 후에 가도록 하겠습니다.

영수 : 네, 기대가 됩니다.

당신 : 제가 기도하겠습니다.

3. 실습 나눔

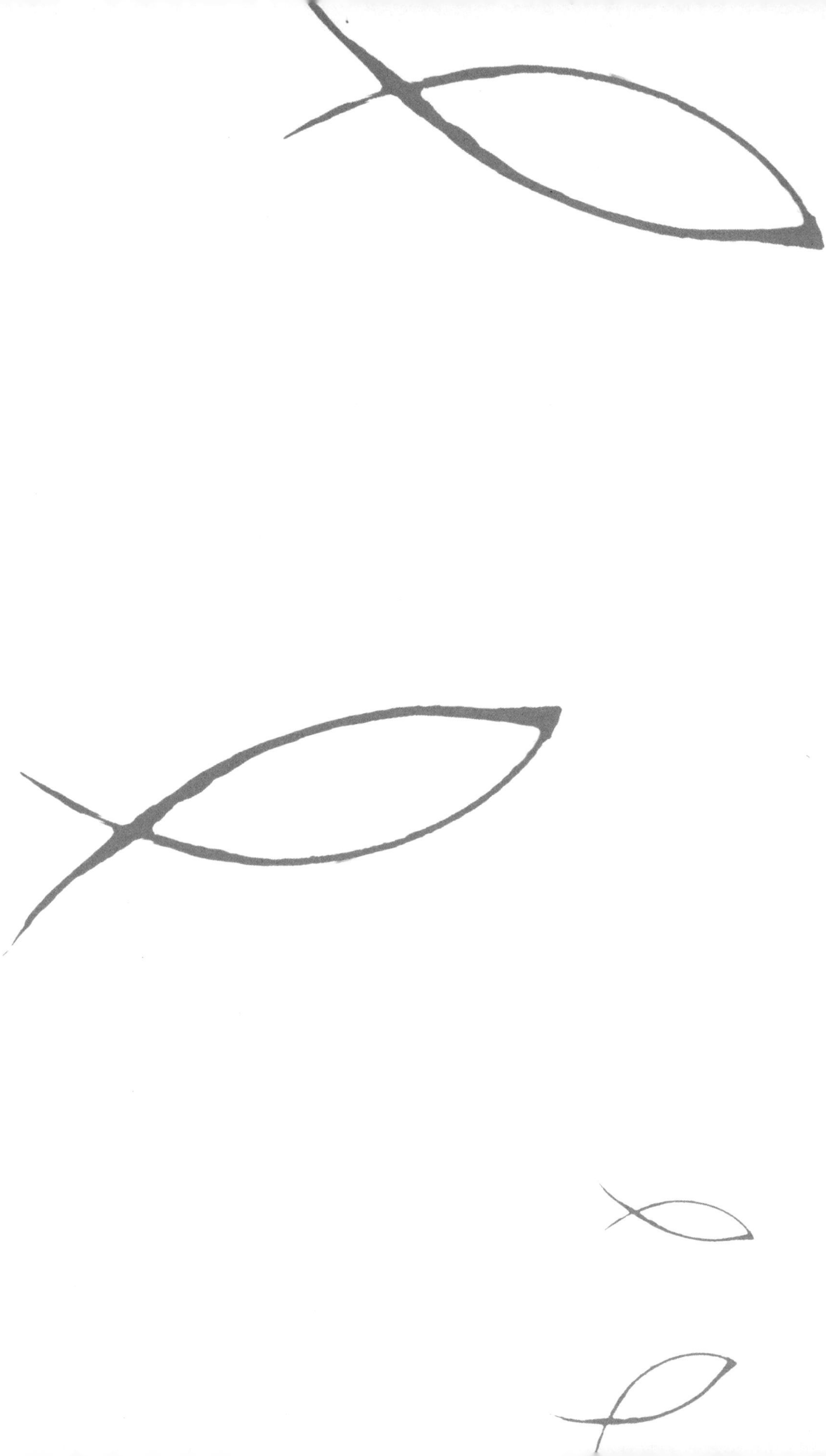

훈 련 평 가 서

다음의 질문들에 대해 진지하게 응답해 주시면 대단히 감사하겠습니다.
이 평가서는 앞으로 이 훈련을 더 잘 진행하는데 많은 도움이 될 것입니다.

이 름 : 날 짜 :
이메일 : 교 회 :
학 교, 직 장 : 학 년 :
주 소 : 휴대전화 :

1 이 훈련에 관해 누군가로부터 들은 적이 있으십니까 ?

2 이 훈련에 참석하게 된 동기는 무엇입니까?

3 이 훈련의 어느 부분이 당신에게 효과적으로 하나님을 증거할 수 있도록 도움이 되었습니까?
설명 :

4 이 훈련이 개인적으로 당신에게 어떤 의미가 있었습니까?
(이것은 다른 성도들이나 학생들이 이 훈련을 받도록 격려하는데 사용할 수 있도록 3~4 문장 정도로 당신의 생각을 적어 주시면 감사하겠습니다.)

5 앞으로 이 훈련을 더 잘 실시할 수 있는 좋은 방안이 있다면 적어 주십시오.

예수 그리스도를 효과적으로 증거하기 위해 이 훈련에 참석해 주셔서 감사합니다. 이 훈련이 전도에 큰 도움이 되었다면 주변의 다른 사람들에게도 이 훈련에 참석하도록 도전해 주십시오.

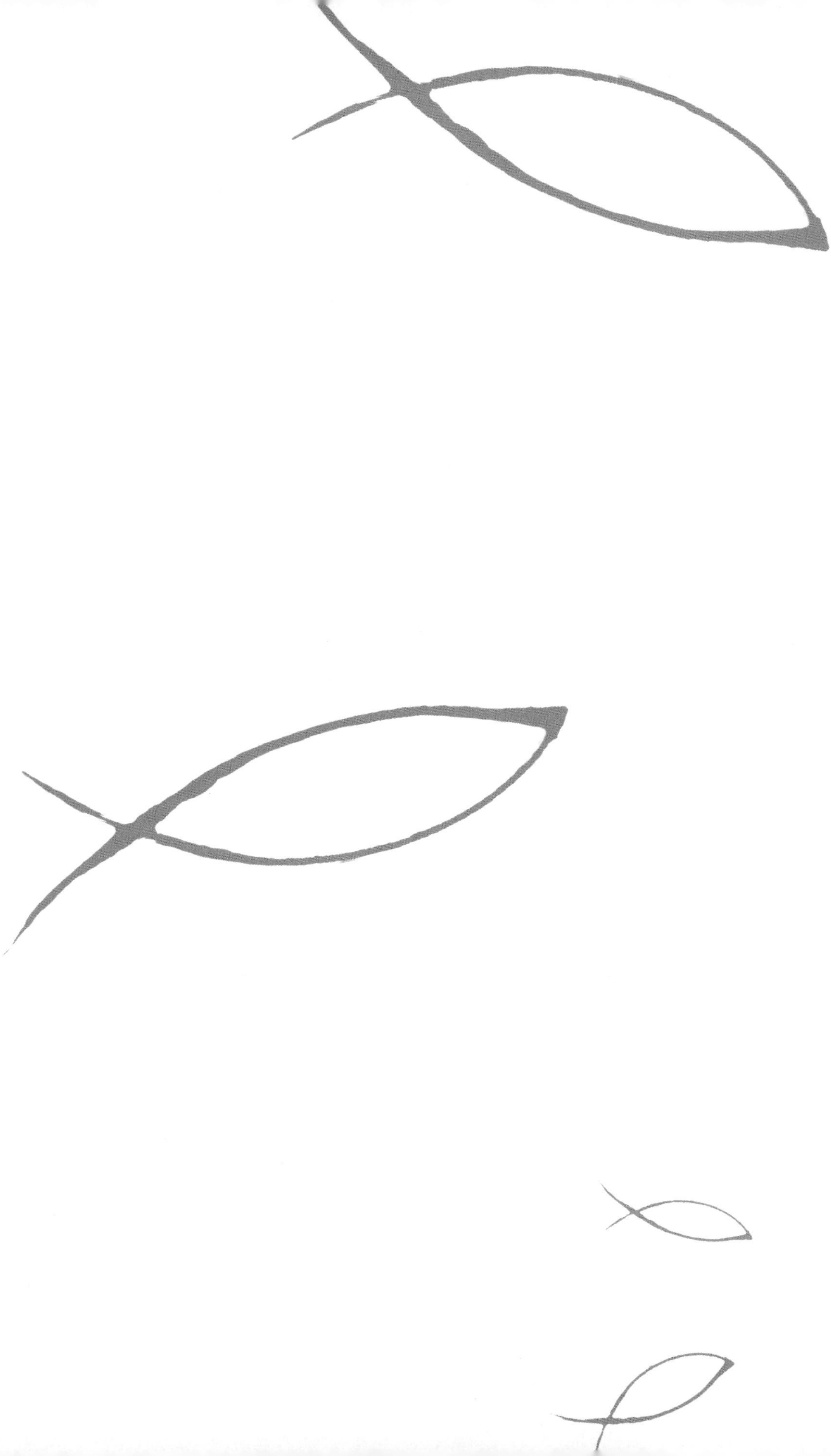

LTC 중급(신개정판)

2010년 1월 25일 신개정판 초판 발행

2026년 3월 31일 신개정판 초판 17쇄 발행

엮 은 이 한국대학생선교회

펴 낸 곳 순출판사

디 자 인 CCC DIA

등 록 제 2020-000159호

주 소 서울시 종로구 백석동 1가길 2-8

전화/팩스 02)722-6931~2 / 02)722-6933

가 격 4,000원

책 내용과 관련된 문의는 한국대학생선교회_MRD(02-397-6267)로 문의 바랍니다.

ISBN 978-89-389-0219-1